图解铁路工程施工安全 30

图解铁路工程土石方作业安全

王　芳　编著

中国铁道出版社
2012年 · 北京

图书在版编目(CIP)数据

图解铁路工程土石方作业安全/王芳编著
北京:中国铁道出版社,2012.7
(图解铁路工程施工安全/黄守刚主编)
ISBN 978-7-113-14629-0

Ⅰ.①图… Ⅱ.①王… Ⅲ.①铁路工程—土方工程—工程施工—安全技术—图解 Ⅳ.①U215.8-64

中国版本图书馆 CIP 数据核字(2012)第 089656 号

书　　名:图解铁路工程施工安全
图解铁路工程土石方作业安全
作　　者:王　芳

策划编辑:许士杰
责任编辑:许士杰　　编辑部电话:(010) 51873204　　电子信箱:syxu99@163.com
版式设计:纪　潇
责任校对:孙　玫
责任印制:陆　宁

出版发行:中国铁道出版社(100054,北京市西城区右安门西街 8 号)
网　　址:http://www.tdpress.com
印　　刷:中国铁道出版社印刷厂
版　　本:2012 年 7 月第 1 版　2012 年 7 月第 1 次印刷
开　　本:850 mm×1 168 mm　1/32　印张:7.375　字数:193 千
印　　数:1~3 000 册
书　　号:ISBN 978-7-113-14629-0
定　　价:30.00 元

前 言

铁路工程建设规模大、施工人员分散、流动性强、机械化程度低、劳动强度高、安全管理人员数量少、临时设施多、职业卫生条件差，加之新材料、新技术、新工艺、新装备大量采用，安全管理任务重，难度大。为解决铁路工程施工安全教育培训难题，编著者们针对铁路工程施工的安全特点，撰写了“图解铁路工程施工安全”系列丛书。

本丛书以最新版铁路工程施工安全技术规程、施工现场临时用电安全技术规范、建筑机械使用安全技术规程等标准、规范、规程为基础，以满足安全管理、安全技术和安全操作三个层次人员的教育培训需要为目标，深入浅出地用图画形式直观、形象地解析了铁路工程施工危险危害因素、安全基本常识、安全技术要点与安全管理注意事项等。

本丛书特别适合作为一线施工人员的安全知识、安全技能学习的自学用书，也可作为安全作业的指导用书，还适合于施工安全管理人员、施工技术人员等参考阅读。

限于编著者们的水平和绘图素材的选取局限性，书中错误和不妥之处在所难免，恳请广大读者批评指正。

本丛书由石家庄铁道大学黄守刚主持编著，铁道部铁路工程技术标准所薛吉岗主持审定。

编著者

2012年7月

1. 推土机工作中，应注意以下安全事项：

（1）发动机启动后，严禁有人站在履带上或推土刀支架上。

推土机工作中，应注意以下安全事项：

（2）推土机工作前，工作区内如有大块石块或其他障碍物，应先予以清除。

【案例】某推土机司机作业前未认真检查工作区的危石情况，导致危石垮塌，掩埋推土机。

推土机工作中，应注意以下安全事项：

（3）推土机工作应平稳，吃土不可太深，推土刀起落不要太猛。推土刀距地面距离一般以0.4m为宜，不要提得太高。

推土机工作中，应注意以下安全事项：

（4）推土作业前，应了解工作区的承载能力是否满足推土机的要求。

推土机工作中，应注意以下安全事项：

（5）当工作区承载能力不足时，应采用履带较宽的推土机。

推土机工作中，应注意以下安全事项：

（6）推土机通过桥梁、堤坝、涵洞时，应事先了解其承载能力，并以低速平稳通过。

推土机工作中，应注意以下安全事项：

（7）推土机在坡道上行驶时，其上坡坡度不得超过25 °。

推土机工作中，应注意以下安全事项：
（8）推土机在坡道上行驶时，下坡坡度不得大于35 °。

推土机工作中，应注意以下安全事项：

（9）推土机在坡道上行驶时，其横向坡度不得大于10 °，在陡坡上（25 °以上）严禁横向行驶。

推土机工作中，应注意以下安全事项：

（10）推土机纵向在陡坡上行驶，不得做急转弯动作，上下坡应用低速挡行驶，并不许换挡，下坡时严禁脱挡滑行。

推土机工作中，应注意以下安全事项：

（11）在上坡途中，若发动机突然熄火时，应立即将推土刀放到地面，踏下并锁住制动踏板，待推土机停稳后，再将主离合器脱开，把变速杆放到空挡位置，用三角木块将履带或轮胎楔死，然后重新启动发动机。

推土机工作中，应注意以下安全事项：

（12）推土机在25 °以上坡度上进行推土时，应先进行填挖，待推土机能保持本身平衡后，方可开始工作。

推土机工作中，应注意以下安全事项：

（13）填沟或驶近边坡时，禁止推土刀越出边坡的边缘。换好倒车挡后，方可提升推土刀，进行倒车。

推土机工作中，应注意以下安全事项：
（14）在深沟、陡坡地区作业时，应有专人指挥。

【案例】某推土机在陡坡地区作业中，无专人指挥，司机盲目推土，造成推土机掉下10余米高陡坡。

【案例】某推土机在深基坑边作业时，无专人指挥，掉入基坑中。

【案例】某推土机在河边作业时，无专人指挥，掉入河中。

（15）推土机在基坑或深沟内作业时，应有专人指挥。基坑与深沟一般不得超过2m。若超过上述深度时，应放出安全边坡，同时，禁止用推土刀侧面推土。

推土机工作中，应注意以下安全事项：
（16）推土机推树时，应注意高空杂物和树干的倒向。

推土机工作中，应注意以下安全事项：

（17）推土机推围墙或屋顶时，用大型推土机墙高不得超过2.5m；用中小型推土机墙高不得超过1.5m。

推土机工作中，应注意以下安全事项：

（18）在电线杆附近推土时，应保持一定的土堆。土堆大小可根据电杆结构、掩埋深度和土质情况，由施工人员确定，土堆半径一般不应小于3m。

推土机工作中，应注意以下安全事项：

（19）施工现场若有爆破工程，爆破前，推土机应开到安全地带。爆破后，司机应亲自到现场察看，认为符合安全操作条件后，方可将机械开入施工现场。若认为有危险时，司机有权拒绝进入危险地段，并及时向上级请示。

推土机工作中，应注意以下安全事项：

（20）数台推土机共同在一个工地作业时，其左右距离不得小于1.5m。

推土机工作中，应注意以下安全事项：

（21）数台推土机共同在一个工地作业时，其前后距离不得小于8m。

推土机工作中，应注意以下安全事项：

（22）推土机在有负荷情况下，禁止急转弯。履带式推土机在高速行驶时，亦应禁止急转弯，以免履带脱落或损坏走行机构。

推土机工作中，应注意以下安全事项：
（23）工作时间内，司机不得随意离开工作岗位。

推土机工作中，应注意以下安全事项：

（24）推土机在工作时，严禁进行维修、保养，并禁止人员上下。

推土机工作中，应注意以下安全事项：
（25）夜间施工，工作场所应有良好的照明。

推土机工作中，应注意以下安全事项：
（26）在雨天泥泞土地上，推土机不得进行推土作业。

【案例】某推土机在雨天泥泞地上推土作业，由于地面湿滑，推土机掉下山崖。

【案例】某推土机在雨后推土过程中倾翻。

2. 推土机工作后，应将外部灰尘、泥土、污物冲洗擦拭干净，按例行保养规定对机械进行检查、保养、调整、润滑、紧固。将机械开到平坦安全地方，推土刀落地，关闭发动机（冬季并应放净冷却水），锁闭门窗后，方可离开。

3. 推土机越过浅滩时，应预先检查水深和河床情况，并检查后桥底部螺丝是否紧固，以防泥水进入。

4. 推土机不准做长距离走行。其走行距离，一般不应超过1.5km。超过时，应采用平板拖车运输。

5. 推土机不得用于搅拌石灰、推石灰、烟灰及压石方等工作。
6. 推土机不得当吊车，绞盘和地垅使用。

1. 挖掘机工作前，应对发动机、传动机构、作业装置、制动部分，各种仪表等进行检查，确认情况正常后，方可开机操作。

2. 挖掘机进入作业区前，应认真观察作业区有无危石。若有危石，应排除后方可进入作业区。

【案例】挖掘机作业不注意危石的后果。

【案例】山体滑坡导致挖掘机被掩埋。

3. 挖掘机启动前，应将各操纵杆旋转至空挡位置，主离合器处在松开位置，然后鸣喇叭起动发动机。

4. 挖掘机作业中，严禁任何人上下机械，传递物件及在铲斗内、拖把或机架上坐立。

5．挖掘机工作中无关人员禁止进入驾驶室。

6. 挖掘机工作范围内，任何人员不得通过或停留。配合作业，应在挖掘机停止工作的情况下进行。

7. 挖掘机作业时，应处于平稳位置并制动住行走机构，铲挖爆破掘松后的岩石应用正铲。

【案例】某司机在挖掘机作业时，未先处于平稳位置并制动住行走机构，导致挖掘机翻下山坡。

8. 挖掘机作业时：

（1）石块粒径不得大于1/2铲斗口宽度，不得勉强挖掘较大的坚硬石块和障碍物。

【案例】某司机在操作挖掘机作业时，勉强挖掘坚硬山坡，导致挖掘机后倾翻倒。

挖掘机作业时：

（2）在悬崖下或超高工作面工作时，应预先做好施工安全防护措施。

【案例】某挖掘机司机在挖山过程中由于操作不慎导致山石滑落，滑落的山石径直砸向挖掘机的操纵杆，挖掘机侧翻至10m多高的峭壁边沿。

挖掘机作业时：
（3）禁止用铲斗去破碎冻土、石块等物。

挖掘机作业时：
（4）铲斗不应一次掘进过深。

挖掘机作业时：
（5）提斗不应过猛。
（6）落斗要轻快。

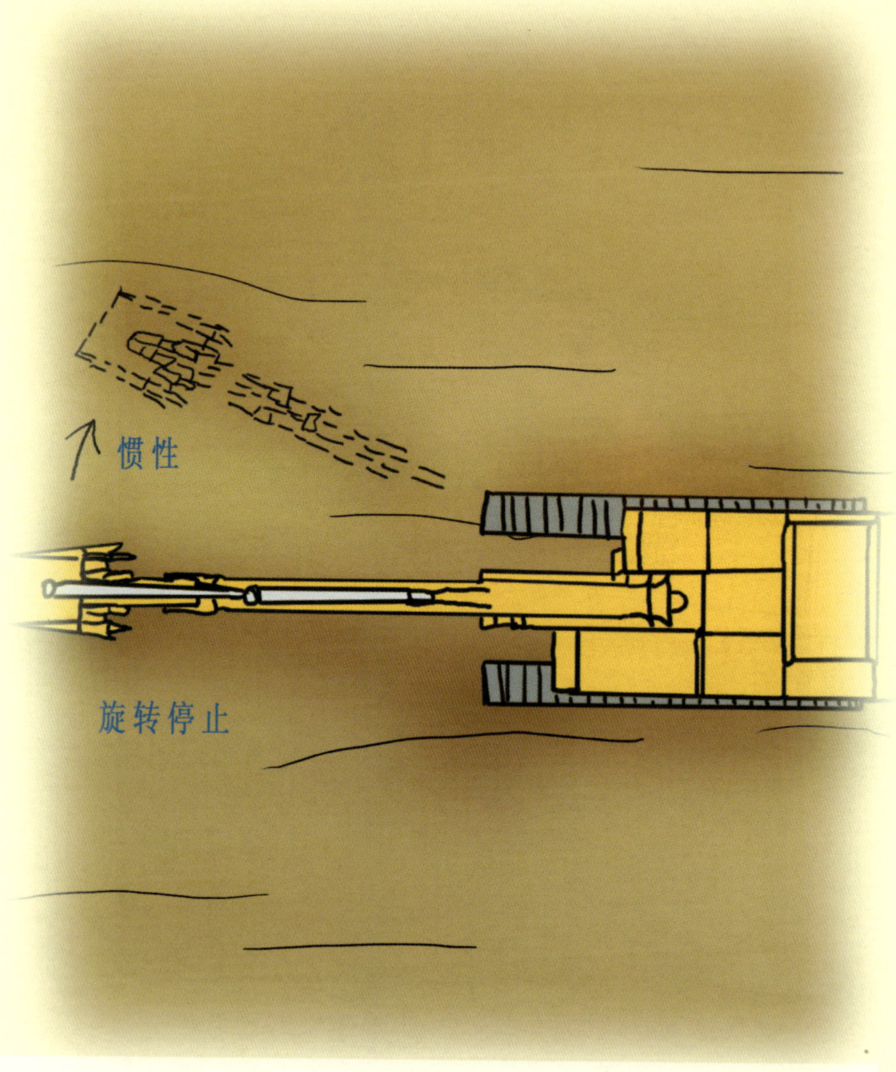

挖掘机作业时：
（7）回转和制动要平稳。

挖掘机作业时：
（8）铲斗未离开土层不得转向。

挖掘机作业时：

（9）不得以铲斗或斗柄以回转动作横向拨动重物或汽车。

挖掘机作业时：
（10）凡是离开驾驶室不论时间长短，铲斗必须落地。

9. 挖掘机装车时铲斗不得在驾驶室顶上越过，卸车时，尽量放低，汽车装满后，要鸣喇叭通知驾驶员。

10. 挖掘机铲斗满载悬空时，不得变更铲臂倾角。

11. 挖掘机运转时，禁止进行任何保养、润滑、调整和修理工作。对铲臂顶端滑轮和钢丝绳进行检修、保养或拆换时，必须在铲臂下降落地后进行。

12. 挖掘机不论在作业或行走时，机体与架空输电线应保持安全距离，如不能保持安全距离必须待停电后方可工作，遇有大风、雷雨、大雾等天气时，机械不得在高压线附近作业。

13. 挖掘机在埋地电缆区附近作业时，必须查清电缆的走向，用石灰或明显的标志划在地面上，并保持在1m以外的距离处挖掘，如不能满足以上要求，需会同有关人员研究，采取其他必要的防护措施后方可作业。

14. 挖掘机反铲、拉铲作业、铲斗满装后不得继续铲土，以免过载。

15. 在挖掘基坑、沟渠、河道时，应根据深度、坡度、土质情况，确定机械离边坡距离，防止边坡坍塌造成事故。

【案例】某挖掘机在作业过程中，山体滑坡导致挖掘机被掩埋。

16. 挖掘机行走时，主动轮在后面，铲臂和履带平行，回转台制动住，铲斗离地面1m左右。

17. 挖掘机上下坡度不得超过15°，上大坡时应用外力协助，下坡应慢速行驶。铲斗底应与地面保持在20～30cm之间。

【案例】挖掘机上下坡时不注意安全的后果！

18. 挖掘机严禁在坡上换挡变速和空挡滑行。

【案例】某挖掘机司机欲使挖掘机爬上一个陡坡，导致侧向倾翻。

19. 挖掘机转弯不应过急过大，如弯道过大，应分次转弯，每次在20°左右。

20. 挖掘机通过桥梁、涵洞、管道时，应先了解其承载能力；通过铁路应铺设木板或草垫；禁止在轨道上转向。

21. 挖掘机通过松软或泥泞地面应用道木垫实，行走速度每小时不得超过5km，并在行走前彻底润滑行走机构，长距离运行应用平板拖车装运。

22. 挖掘机非作业行驶时，铲斗必须用锁紧链条挂牢在运输行驶位置上，机上任何部位不得载人或装载易燃、易爆物品。

23. 工作结束后将挖掘机驶离工作区，停放在安全平坦的地方，将机身转正，落下铲斗，将所有操纵杆置于空挡位置，各制动器手柄放在制动位置，冬季时使内燃机朝向南面，并应将冷却水放净，做好每班保养工作，关锁门窗后，方可离开工作岗位。

24. 房屋拆迁作业过程中，应特别注意须采取正确的方法。

1. 装载机作业前，应了解清楚工作场地的承载能力。

2. 装载机在工作中应注意以下安全事项：

（1）刹车、喇叭、方向机应齐全、灵敏，在行驶中要遵守交通规则。若需经常在公路上行驶，司机须持有“机动车驾驶证”。

【案例】某装载机在下坡过程中刹车失灵，倾翻于路堤下。

【案例】某装载机在下坡过程中方向机失灵，司机来不及刹车，坠下数十米高的悬崖。

装载机在工作中应注意以下安全事项：

（2）装载机在配合自卸汽车工作时，装载时自卸汽车不要在铲斗下通过。

装载机在工作中应注意以下安全事项：

（3）装载机在满斗行驶时，铲斗不应提升过高，一般距地面0.5m左右为宜。

【案例】某司机在驾驶装载机满斗行驶时，铲斗提升过高，导致车辆失稳倾翻于路堤边坡下。

装载机在工作中应注意以下安全事项：
（4）装载机行驶时应避免不适当的高速和急转弯。

【案例】某料场一装载机高速急转弯，导致其仰面朝天倾倒。

装载机在工作中应注意以下安全事项：

（5）当装载机遇到阻力增大，轮胎（或履带）打滑和发动机转速降低等现象时，应停止铲装，切不可强行操作。

装载机在工作中应注意以下安全事项：
（6）在下坡时，严禁装载机脱挡滑行。

【案例】某装载机在下坡行驶中，脱挡滑行，导致侧翻事故。

装载机在工作中应注意以下安全事项：
（7）装载机在作业时斗臂下禁止有人站立或通过。

装载机在工作中应注意以下安全事项：

（8）装载机动臂升起后在进行润滑和调整时，必须装好安全销或采取其他措施，防止动臂下落伤人。

装载机在工作中应注意以下安全事项：

（9）装载机在工作中，应注意随时清除夹在轮胎（或履带）间的石渣。

装载机在工作中应注意以下安全事项：
（10）夜间工作时装载机及工作场所应有良好的照明。

装载机在工作中应注意以下安全事项：

（11）遇有水沟、土埂等障碍物时，不可强行通过。图示为强行通过的后果。

装载机在工作中应注意以下安全事项：

（12）在高台边作业时，应有专人指挥。图示为无专人指挥的后果。

装载机在工作中应注意以下安全事项：

（13）在深基坑边缘作业时，装载机距离基坑边缘的距离应符合规定要求，并设专人指挥。图示为无专人指挥的后果。

装载机在工作中应注意以下安全事项：

（14）装载机作业或行驶过程中，坡度不得超过装载机允许的最大坡度。

【案例】某施工工地，一装载机司机欲将装载机冲上山坡，前两次未冲上，第三次上坡时，突然熄火，刹车失灵，顺坡滑下路基，侧翻在路旁。

装载机在工作中应注意以下安全事项：

（15）操作装载机行驶过程中，装载机距离路基边缘的距离应符合规定要求。图示为距离不符合规定要求的后果。

3. 装载机工作后应注意下列安全事项：

（1）将装载机驶离工作现场，将机械停放在平坦的安全地带。

装载机工作后应注意下列安全事项：
（2）松下铲斗，并用方木垫上。清除斗内泥土及砂石。

装载机工作后应注意下列安全事项：
（3）按日常例行保养项目对机械进行保养和维护。

4. 装运装载机时，当铲刀超过拖车宽度时，应拆除铲斗。

5. 平板拖车装运装载机时，应固定牢靠。

【案例】某装载机司机疲劳作业，未察觉装载机与路肩墙边缘的距离，致使装载机倒退侧翻于十余米深的路肩墙下。

1. 自卸汽车应保持顶升液压系统完好，工作平稳，操纵灵活，不得有卡阻现象。

2. 装卸料时要听从指挥，不得在指定处所以外的地方装卸料。

3. 严禁车厢内载人。

4. 配合挖装机械卸时，自卸汽车就位后应拉紧手制动器，在铲斗必须越过驾驶室作业时，驾驶室内不得有人停留。

5. 装料时，驾驶员应提醒不要装偏，物料有装偏时，行驶中应减速，以防翻车。

6. 卸料前，要注意车厢上方周围应无人员和障碍物。卸料时，必须将车停稳。当车厢将升到顶点时，应降低发动机转速，以防车厢振动。禁止边卸料边行驶。

7. 在架空电线附近，严禁卸料。

8. 在沿河路堤卸料时，在装料和卸料时，应注意观察周围环境，要注意信号和指挥人员的指示，应和堤边保持适当的安全距离，以防堤沿坍塌引起翻车。

【案例】某自卸车雨后在路堤一侧行驶，压塌路堤，坠入60余米高悬崖下的河中。

9. 不得在不平坦、松软、倾斜地面卸料，以防翻车。

10. 卸料后，应将汽车稍离开卸料位置，使车厢及时复位后锁闭倾斜操作杆，方可驶离。禁止举升车厢行驶。

【案例】某自卸车举升车厢行驶，在经过一座高架桥下时，车厢撞上高架桥。

11. 当车厢内附着有黏土时，应及时清除，以防积厚举升时引起翻车。禁止以急刹车来抖下余料。

12. 需要举升车厢进行维修清洗润滑等作业时，应使用支撑木撑牢车厢，禁止仅靠液压锁定进行作业。

13. 非顶升作业时，应将顶升操纵杆放在空挡位置。顶升前必须拔除车厢固定销。

14. 驾驶员在开车前，必须检查刹车制动，确定正常后方可开动

15. 在工地便道上行驶的安全速度为25km/h，不得超速行驶。

16. 开工时穿好工作服，严禁酒后驾驶、带病驾驶和无证驾驶。

17. 空车与运料重车相遇时，空车或交通车应给重车让路，在山边道路时，空车应让重车行驶在内侧，空车或交通车行驶在外侧。

18. 倒车时不可只依靠倒后镜，可能时要伸头出车厢外观察才可倒车。

19. 驾驶员不论任何原因离开时，必须关掉引擎，拉上刹车，如在斜坡上则应确保不会滑动。

20. 在开车前应用1～5min巡查自卸汽车周围有无人员，确定周围无人，且观察倒车镜，挡风玻璃是否清晰后，方可开车。

21. 两部车同向行驶时，应保持一定刹车距离，在大风大雾大雨中行驶时，更要小心。

22. 工作完毕后，应把自卸车斗平放在车身上。在平地上停车时，严禁把车停靠在斜路上。

1. 铲运机在四级以上土壤作业时，应先翻松，并清除障碍物。

2. 作业前，应检查钢丝绳，轮胎气压，铲土斗及卸土回缩弹簧、拖把万向接头、撑杆及各部滑轮等。液压铲运机还应检查各液压管接头、控制阀等，确认正常后，方可启动。

3. 作业时，严禁任何人上下机械传递物件，并且严禁在铲斗内、拖把或机架上坐立。

4. 两台铲运机同时作业时，拖式铲运机前后距离不得少于1m，自行式铲机不得少于2m。平行作业时两机间隔不得少于2m，在狭窄地区不得强行超车。

5. 铲运机上下坡时，应低速行驶，不得中途换挡，下坡时严禁脱挡滑行，行驶的横向坡度不得超过6°，坡宽应大于机身2m以上，在新填筑的土堤上作业时，离坡边缘不得少于1m。

6. 需要在斜坡横向作业时，须先挖填使机身平稳，作业中不得倒退。

7. 在不平场地上行驶及转弯时，严禁将铲运斗提升到最高位置。

8. 行驶时，应支线让干线，空载让重载，下坡让上坡。

9. 在坡道上不得进行保修作业，在陡坡上严禁转弯、倒车和停车，在坡上熄火时应铲斗落地，制动牢靠后，再行启动。

10. 铲土时，应直线行驶，助铲时应有助铲装置，正确掌握斗门开启的大小，不得切土过深，两机要相互配合，尽量作平稳接触，等速助铲。

11. 夜间作业，前后照明应齐全完好，自行式铲运机的大灯光改为小灯光，并低速靠边行驶。

12. 拖拉陷车时，应有专人指挥，前后操纵人员应协调，确认安全后，方可起步。

13. 自行式铲运机的差速器锁，只能在直线行驶的泥泞路面上短时间使用，严禁在差速器锁住时转弯。

14. 非作业行驶，铲斗必须用锁紧链条挂牢在运输行驶位置上，机上任何部位不得载人或装载易燃及爆炸等物品。

15. 修理斗门或在铲斗下检修作业时，必须把铲斗升起后用销子或锁紧链条固定，再用垫木将斗身顶住，并制动住轮胎。

16. 作业后，应将铲运机停放在平坦地面并将铲斗落在地面上，液压操纵的应将液压缸缩回，将操纵杆放在中间位置，进行清洁、润滑后锁好窗。

1. 不平度较大的地面作业时，应先用推土机推平，再用平地机整平。

2. 平地机作业区应无树根、石块等障碍物。对于土质坚实的地面，应先用松土器翻松。

3. 刮刀的回转与铲土角的调整以及向机外倾斜的操作，都必须在停机时进行。

4. 行驶时应将刮刀和松土器升到最高位置，并将刮刀斜放，刮刀两端不得超出后轮外侧。行驶速度不得大于 20km/h。图示为某平地机超速行驶而翻下一座小桥的场景。

5. 作业后应停放在平坦、安全的地方，将刮刀落地，拉上制动器。

1. 静作用压路机

（1）压路机碾压的工作面，应经过适当平整，对新填的松软路基，应先用羊足碾或打夯机逐层碾压或夯实后，方可用压路机碾压。

静作用压路机

（2）当土的含水率超过30%时不得碾压，含水率少于5%时，宜适当洒水。

静作用压路机

（3）工作地段的纵坡不应超过压路机最大爬坡能力，横坡不应大于20°。

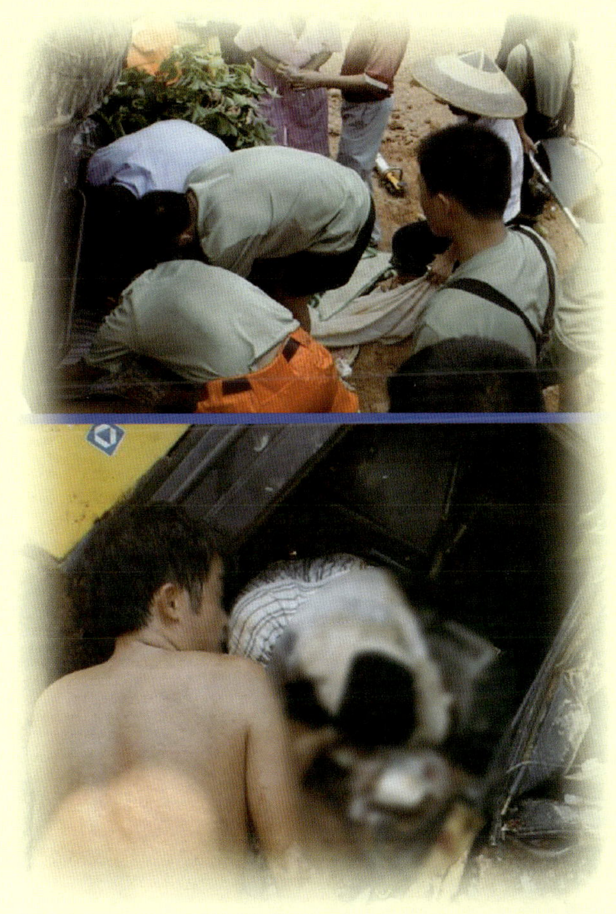

【案例】工作地段的纵坡超过压路机最大爬坡能力，造成倾翻。

静作用压路机

（4）应根据碾压要求选择机重。当光轮压路机需要增加机重时，可在滚轮内加砂或水。当气温降至0℃时，不得用水增重。

静作用压路机

（5）轮胎压路机不宜在大块石基础层上作业。

静作用压路机

（6）作业前，各系统管路及接头部分应无裂纹、松动和泄漏现象，滚轮的刮泥板应平整良好，各紧固件不得松动，轮胎压路机还应检查轮胎气压，确认正常后方可启动。

静作用压路机

（7）不得用牵引法强行启动内燃机，也不得用压路机拖拉任何机械或物件。

静作用压路机

（8）启动后，应进行试运转，确认运转正常，制动及转向功能灵敏可靠，方可作业。开动前，压路机周围应无障碍物或人员。

（9）碾压时应低速行驶，变速时必须停机。速度宜控制在3～4km/h范围内，在一个碾压行程中不得变速。碾压过程中应保持正确的行驶方向，碾压第二行时必须与第一行重叠半个滚轮压痕。

静作用压路机

（10）变换压路机前进、后退方向，应待滚轮停止后进行。不得利用换向离合器作制动用。图示为不按规定操作的后果。

静作用压路机

（11）在新建道路上进行碾压时，应从中间向两侧碾压。碾压时，距路基边缘不应少于0.5m。

静作用压路机

（12）碾压傍山路基时，应由里侧向外侧碾压，距路基边缘不应少于1m。

静作用压路机

（13）上下坡时，应事先选好挡位，不得在坡上换挡，下坡时不得空挡滑行。图示为下坡空挡滑行，遇急转弯倾翻的事故。

静作用压路机

（14）两台以上压路机同时作业时，前后间距不得小于3m，在坡道上不得纵队行驶。

静作用压路机

（15）在运行中，不得进行修理或加油。需要在机械底部进行修理时，应将内燃机熄火，用制动器制动住，并揳住滚轮。

静作用压路机

（16）作业后，应将压路机停放在平坦坚实的地方，并制动住。不得停放在土路边缘及斜坡上，也不得停放在妨碍交通的地方。

静作用压路机

（17）严寒季节停机时，应将滚轮用木板垫离地面。

静作用压路机

（18）压路机转移工地距离较远时，应采用汽车或平板拖车装运，不得用其他车辆拖拉牵运。

2. 振动压路机

（1）作业时，压路机应先起步后才能起振，内燃机应先置于中速，然后再调至高速。

（2）变速与换向时应先停机，变速时应降低内燃机转速。

（3）严禁压路机在坚实的地面上进行振动。

（4）碾压松软路基时，应先在不振动情况下碾压1～2遍，然后再振动碾压。

（5）碾压时，振动频率应保持一致。对可调振频的振动压路机，应先调好振动频率后再作业，不得在没有起振情况下调整振动频率。

（6）换向离合器、起振离合器和制动器的调整，应在主离合器脱开后进行。

（7）上下坡时，不得使用快速挡。在急转弯时，包括铰接式振动压路机在小转弯绕圈碾压时，严禁使用快速挡。

（8）压路机在高速行驶时不得接合振动。

（9）停机时应先停振，然后将换向机构置于中间位置，变速器置于空挡，最后拉起手制动操纵杆，内燃机怠速运转数分钟后熄火。

（10）其他作业要求，应符合上面静作用压路机的有关规定。

1. 凡患有高血压及视力不清等症的人员，不得进行强夯机机上作业。

2．强夯机驾驶人员及操作者，须领取有关部门批准的驾驶证或操作证后方准开车。禁止其他人员擅自开车或开机。

3．夯土机械的负荷线应采用耐气候型的四芯橡皮护套铜芯软电缆，电缆线长短应不大于50m。

4．为减少吊锤机械吊臂在夯锤下落时的晃动及反弹，应专门设置吊臂撑杆系统。每天开机前，必须检查吊锤机械各部位是否正常及钢丝绳有无磨损等情况，发现问题及时处理。

5. 吊锤机械停稳并对好坑位后方可进行强夯作业，起吊夯锤时速度应均匀，夯锤或挂钩不得碰吊臂，应在适当位置挂废汽车外胎加以保护。

6. 夯锤起吊后，吊臂和夯锤下15m内不得站人。非工作人员离开夯击点30m以外。

7. 干燥天气作业，可在夯击点附近洒水降尘。吊锤机械驾驶室前面宜在不影响视线的前提下设置防护罩。驾驶人员应戴防护眼镜，预防落锤弹起砂石，击碎驾驶室玻璃伤害驾驶员眼睛。

8. 夯机的作业场地应平整，门架底座与夯机着地部位应保持水平，当下沉超过100mm时，应重新垫高。

9. 强夯机械的门架、横梁、脱钩器等主要结构和部件的材料及制作质量，应经过严格检查，对不符合设计要求的，不得使用。

10. 夯机在工作状态时，起重臂仰角应置于70°。

11. 强夯机梯形门架支腿不得前后错位，门架支腿在未支稳垫实前，不得提锤。

12. 变换夯位后，应重新检查门架支腿，确认稳固可靠，然后再将锤提升100～300mm，检查整机的稳定性，确认可靠后，方可作业。

13. 夯锤下落后，在吊钩尚未降至夯锤吊环附近前，操作人员不得提前下坑挂钩。从坑中提锤时，严禁挂钩人员站在锤上随锤提升。

14. 当夯锤留有相应的通气孔在作业中出现堵塞现象时，应随时清理。但严禁在锤下进行清理。

15. 当夯坑内有积水或因黏土产生的锤底吸附力增大时，应采取措施排除，不得强行提锤。

16. 转移夯点时，夯锤应由辅机协助转移，门架随夯机移动前，支腿离地面高度不得超过500mm。

17. 操作时，不得用力推拉或按压手柄，转弯时不得用力过猛。严禁急转弯。

18. 夯实填实土方时，应从边缘以内10～15cm开始夯实2～3遍后，再夯实边缘。

19. 作业后，应将夯锤下降，放实在地面上。在非作业时严禁将锤悬挂在空中。切断电源，卷好电缆，如有破损应及时修理或更换。

9.1 振动冲击夯机

1. 振动冲击夯应适用于黏性土、砂及砾石等散状物料的压实，不得在坚硬地面作业。

2. 作业前重点检查项目应符合下列要求：

（1）各部件连接良好，无松动；

（2）内燃冲击夯有足够的润滑油，油门控制器转动灵活；

（3）电动冲击夯有可靠的接零或接地，电缆线表面绝缘完好。

3. 内燃冲击夯起动后，内燃机应怠速运转3～5min，然后逐渐加大油门，待夯机跳动稳定后，方可作业。

4. 电动冲击夯在接通电源启动后，应检查电动机旋转方向，有错误时应倒换相线。

5. 作业时应正确掌握夯机，不得倾斜，手把不宜握得过紧，能控制夯机前进速度即可。

6. 正常作业时，不得使劲往下压手把，影响夯机跳起高度。在较松的填料上作业或上坡时，可将手把稍向下压，并应能增加夯机前进速度。

振动冲击夯

7. 在需要增加密实度的地方，可通过手把控制夯机在原地反复夯实。

8. 根据作业要求，内燃冲击夯应通过调整油门的大小，在一定范围内改变夯机振动频率。

振动冲击夯

9. 内燃冲击夯不宜在高速下连续作业。在内燃机高速运转时不得突然停车。

振动冲击夯

10. 电动冲击夯应装有漏电保护装置，操作人员必须戴绝缘手套，穿绝缘鞋。

振动冲击夯

11. 电动冲击夯作业时，电缆线不应拉得过紧，应经常检查线头安装，不得松动及引起漏电。

振动冲击夯
12. 严禁冒雨操作电动冲击夯进行作业。

振动冲击夯

13. 作业中，当冲击夯有异常的响声，应立即停机检查。

14. 当短距离转移时，应先将冲击夯手把稍向上抬起，将运输轮装入冲击夯的挂钩内，再压下手把，使重心后倾，方可推动手把转移冲击夯。

15. 作业后，应清除夯板上的泥砂和附着物，保持夯机清洁，并妥善保管。

9.2　蛙式打夯机

1. 每台夯机的电机必须是加强绝缘或双重绝缘电机，并装有漏电保护装置。

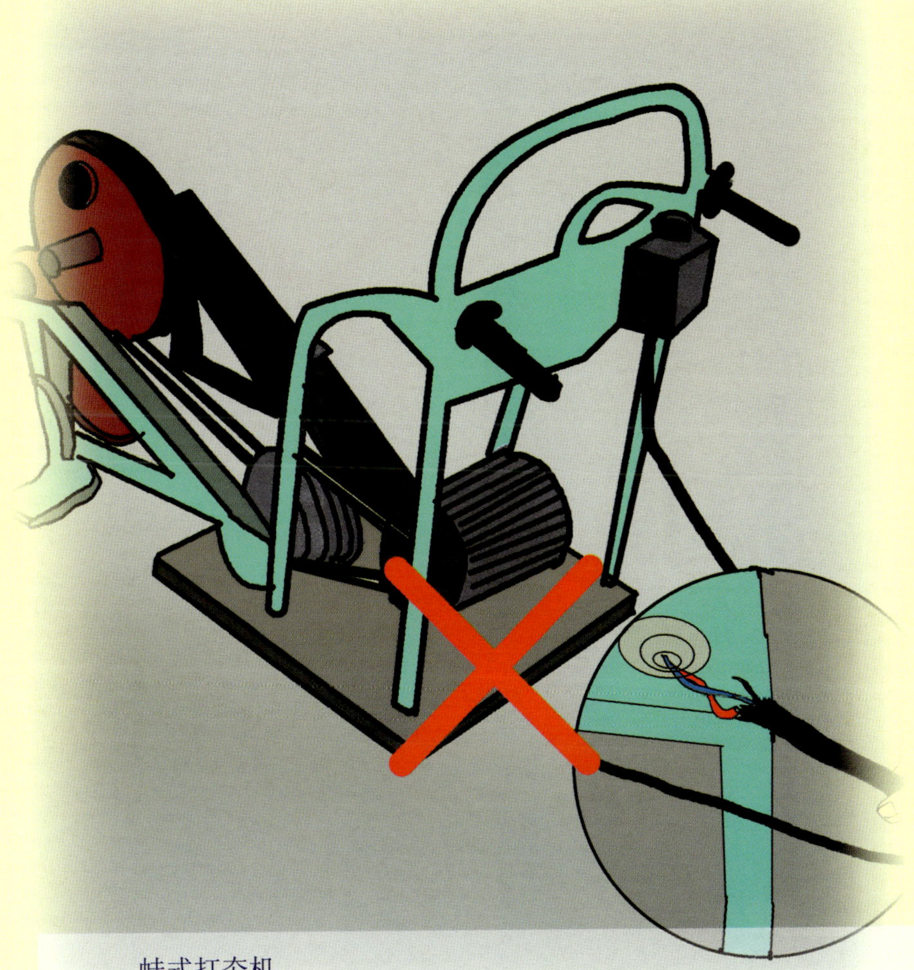

蛙式打夯机

2. 夯机操作开关必须使用定向开关，并保证动作灵敏，且进线口必须加胶圈，每台夯机必须单独使用闸具或插座，并实施二级漏电保护。

3. 必须使用四芯橡胶套电缆线，电缆线在通过操作开关线口之前应与夯机机身用卡子固定。电源开关至电机段的电缆线应穿管固定敷设，夯机的电缆不得长于50cm。

蛙式打夯机

4．夯机的操作手柄必须加装绝缘材料。

5．每班前必须对夯机进行以下检查：

（1）各部电气部件的绝缘及灵敏程度，接零线是否完好；

（2）偏心块连接是否牢固，大皮带轮及固定套是否有轴向窜动现象；

（3）电缆线是否有扭结、破裂、折损等；

（4）整体结构是否有开焊和严重变形现象。

蛙式打夯机

6. 每台夯机应设两名操作人员，一人操作夯机，一个随机整理电线。操作人员均必须戴绝缘手套和穿胶鞋。

蛙式打夯机

7. 操作夯机者应根据现场情况和工作要求确定行夯路线，操作时按行夯路线夯机直线行进。严禁强行推进、后拉、按压手柄、强行猛拐弯或撒把不扶而任夯机自由行走。

蛙式打夯机

8. 随机整理电线者应随时将电缆整理通顺，盘圈送行，并应与夯机保持3～4m的余量，发现电缆线有扭结缠绕、破裂及漏电现象，应及时切断电源，停止作业。

蛙式打夯机

9. 夯机作业前方2m内不得有人。多台夯机同时作业时，其并列间距不得小于5m，纵列距不得小于10m。

蛙式打夯机

10. 夯机不得打冻土、坚石、混有砖石碎块的杂土及一边偏硬的回填土。在边坡作业时应注意保持夯机平稳，防止夯机翻倒坠夯。

蛙式打夯机

11. 经常保持机身整洁，防止托盘内落入石块、杂物、积土较多或底部黏土过多；出现啃土现象时，必须停机清除，严禁在运转中清除。

蛙式打夯机

12. 搬运夯机时，应切断电源，并将电线盘好，夯头绑住。往坑槽下运送时，应用绳索送，严禁推、扔夯机。

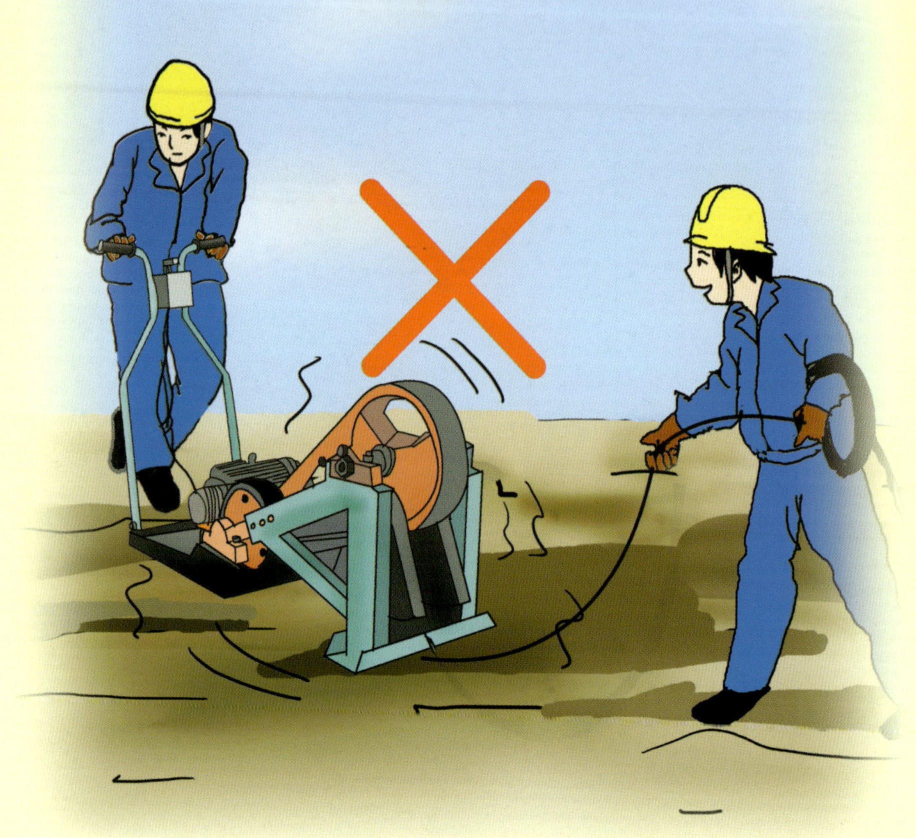

蛙式打夯机

13. 作业中需移线时，应停机将电缆线移至夯机后面。

14. 电气设备的电源，应按有关规定架设安装；电气设备均须有良好的接地接零，接地电阻不大于4Ω，并装有可靠的触电保护装置。

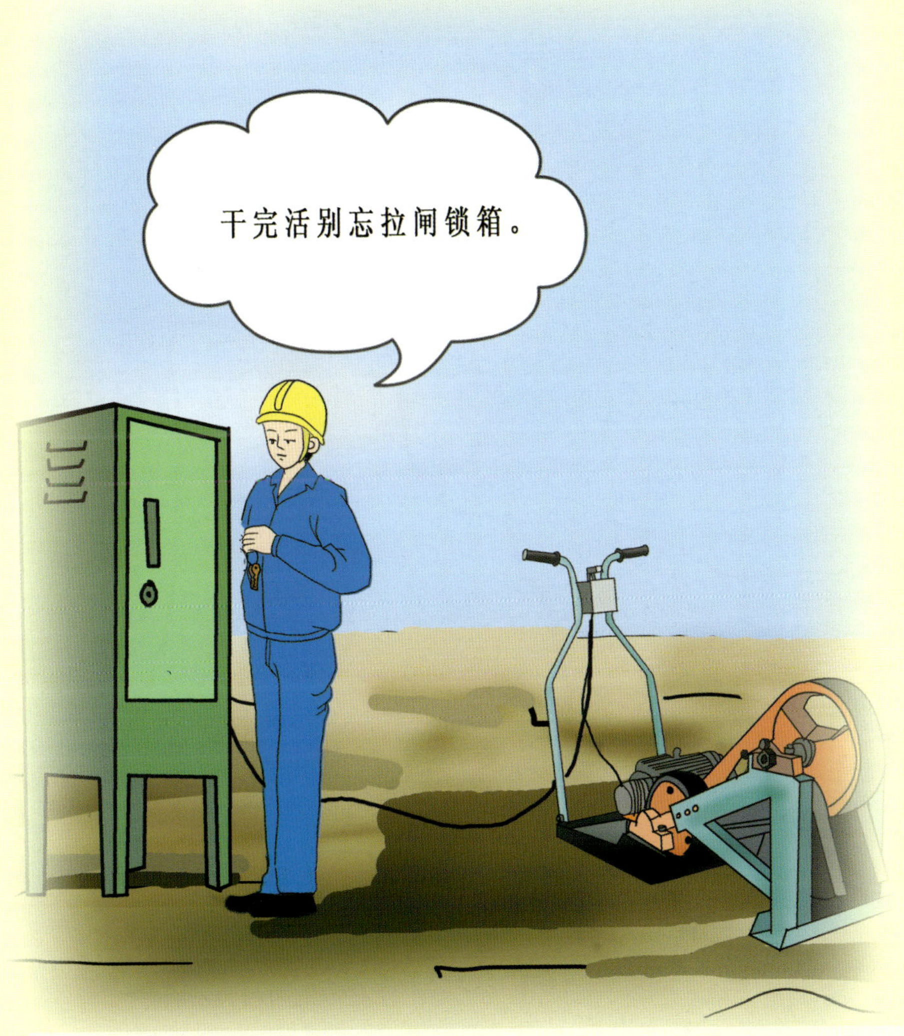

蛙式打夯机

15. 停止操作时，应切断电源，锁好电源闸箱。

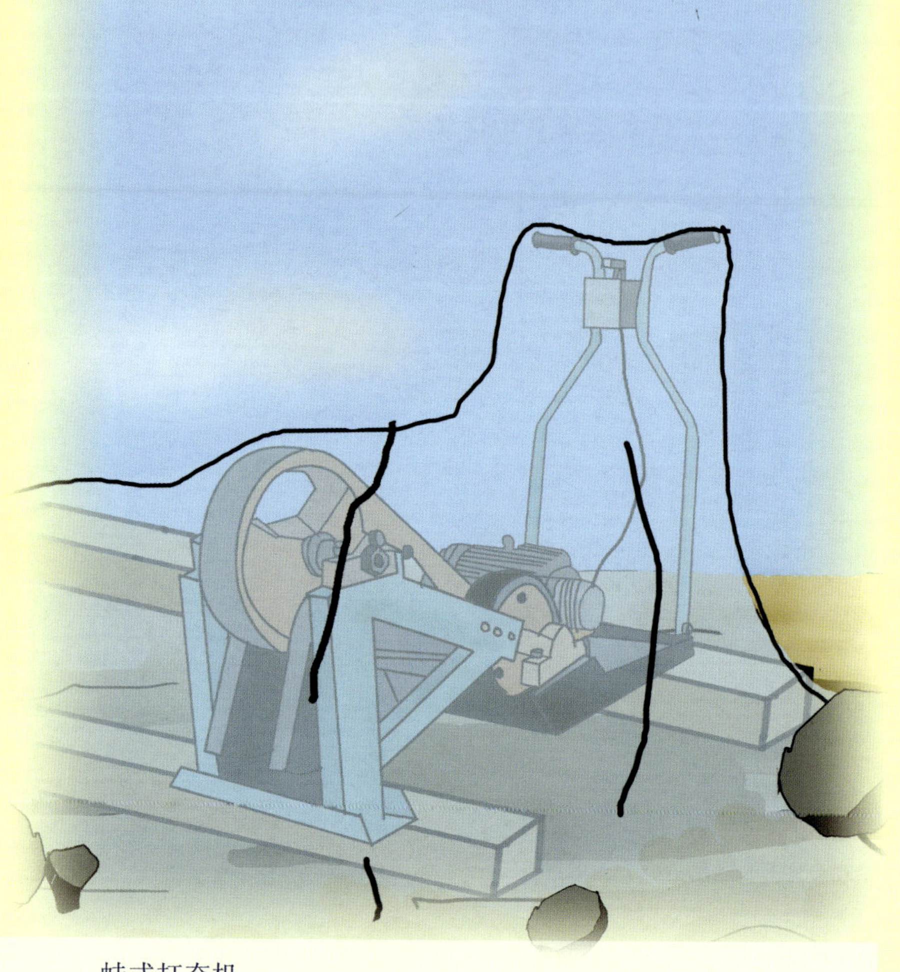

蛙式打夯机

16. 夯机用后必须妥善保管，应遮盖防雨布，并将其底部垫高。

碎石机

1. 固定式碎石机底座和混凝土基座间应垫以硬木。移动式碎石机的机座，必须用支腿顶好、用方木垫实，保持机身平稳。

2. 作业前，检查飞轮转动方向必须与箭头指示方向一致，颚板无石块卡住，防护罩应齐全牢固，接地（接零）保护良好，方可启动。

碎石机

3. 作业中，不得送入大于规定的石料，注意勿使石块嵌入碎石机的张力弹簧中。

碎石机

4. 作业中，送料必须均匀，自由落入，严禁用手、脚或撬棍等强行推入。

碎石机

5. 作业中，严禁将手伸进轧石斗内。

碎石机
6. 如发现送入的石料不能轧碎时，应立即停机取出。

碎石机

7. 作业中，如发现送料不正常或轴承温度测试超过60℃，应停机检查。排除故障后，方可继续作业。

碎石机

8. 碎石机应设防尘装置或用喷水防尘。作业时，操作人员须带防尘面罩或防尘口罩。

碎石机

9. 作业停止前，必须将已送入的石料全部轧完。作业后，切断电源，清扫机械。

1．风动凿岩机的使用条件：风压宜为0.5～0.6MPa，风压不得小于0.4MPa；水压应符合要求；压缩空气应干燥；水应用洁净的软水。

2．使用前，应检查风管、水管，不得有漏水、漏气现象，并应采用压缩空气吹出风管内的水分和杂物。应向自动注油器注入润滑油，不得无油作业。

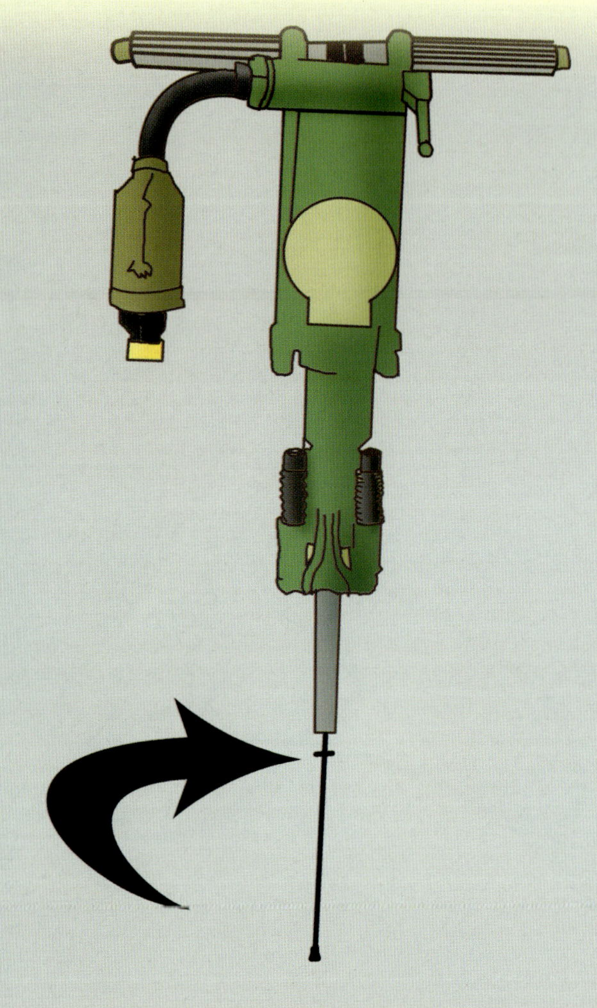

风动凿岩机

3．将钎尾插入凿岩机机头，用手顺时针应能够转动钎子，如有卡塞现象，应排除后开钻。

风动凿岩机

4．开钻前，应检查作业面，周围石质应无松动，场地应清理干净，不得遗留瞎炮。

5．在深坑、沟槽、隧道、洞室施工时，应根据地质和施工要求，设置边坡、顶撑或固壁支护等安全措施，并应随时检查及严防冒顶塌方。

风动凿岩机

6．严禁在废炮眼上钻孔和骑马式操作，钻孔时，钻杆与钻孔中心线应保持一致。

风动凿岩机

7. 风管、水管不得缠绕、打结，并不得受各种车辆碾压。不应用弯折风管的方法停止供气。

风动凿岩机

8．开钻时，应先开风、后开水；停钻后，应先关水、后关风；并应保持水压低于风压，不得让水倒流入凿岩机气缸内部。

风动凿岩机

9. 使用手持式凿岩机垂直向下作业时体重不得全部压在凿岩机上应防止钎杆断裂伤人。凿岩机向上方作业时，应保持作业方向并防止钎杆突然折断。并不得长时间全速空转。

10. 在离地3m以上或边坡上作业时，必须系好安全带。不得在山坡上拖拉风管，当需要拖拉时，应先通知坡下的作业人员撤离。

风动凿岩机

11．在洞室等通风条件差的作业面，必须采用湿式作业。在缺乏水源或不适合湿式作业的地方作业时，应采取防尘措施。

风动凿岩机

12．夜间或洞室内作业时，应有足够的照明。洞室施工应有良好的通风措施。

13．作业后，应关闭水管阀门，卸掉水管，进行空运转，吹净机内残存水滴，再关闭风管阀门。

1. 装岩机的作业面应通风良好，支撑牢固，周围无危石。操作人员所在操作的一侧，由装岩机至隧道壁（坑道壁）或与支撑、风管等设备的距离，均应大于400mm。

2. 移动时，应拉好风管和电缆，防止压坏。

装岩机

3. 作业时，严禁非操作人员进入装岩机的动作范围。卸载时，任何人不得靠近待装的矿车。

装岩机

4. 检修或检查装岩机械时，必须将开关闭锁，并悬挂有“有人工作，严禁送电”牌。

5. 铲斗装岩机司机操作

（1）接班后司机应对机器进行检查。

（2）检查电缆护套有无破损，设备有无失爆，电缆有无充足余量及悬挂是否符合要求。

（3）经检查确定机器完好后，开空车进行检查。

（4）检查轨道及其与两帮的距离，是否符合装岩机操作运行要求。操作箱距帮不足0.8m、装岩机最大工作高度与隧道顶部的安全距离不足0.2m，以及周围有其他障碍物时，不准开机。

铲斗装岩机司机操作

（5）开机前，应通知周围人员撤到机械活动范围以外安全地点，并发出开机信号。不准带负荷起动。

铲斗装岩机司机操作

（6）开机时，必须注意随机电缆，防止压坏或挤伤。

铲斗装岩机司机操作

（7）装岩前，应把电缆挂在电缆钩上或设专人拉电缆，司机必须站在踏板上操作。同时必须在石堆上洒水和冲洗顶帮。应进行空机试运转。

（8）装岩时，应先清道后装岩，待铲斗落地再推进装岩。前进、提升、后退、回转等动作应连贯进行，斗子扬起后，应根据装载程度，适时切断电源以防撞头断链或断弹簧。

铲斗装岩机司机操作

（9）遇有较大石块，不能硬性铲装，须经人工破碎后再进行装载，不准用装岩机的铲斗砸撞大块石。

铲斗装岩机司机操作

（10）装岩机前进遇阻时，不得硬性前进，应退出处理后再前进。

（11）铲斗不能装得过满，推进和提落铲斗要稳慢均匀。装岩扣斗时，应随时注意铲斗与隧道顶部的安全距离，扣斗不得过猛。

（12）使用装岩机作脚手架架棚刹顶时，必须将铲斗落地，并切断电源拔下铲斗链的固定销。严禁用铲斗抬举棚梁。

（13）处理装岩机脱轨时，应用爬道器或用木楔垫好再开机复轨，也可使用起道机、千斤顶复轨，不能用铲斗硬磕轨道迫使装岩机复轨。

（14）遇到下列情况应停机处理：①随机电缆损坏或挤伤。②装岩机提升、下放、回转等部位有异响。③装岩机掉道。④装岩机前方、两侧过人。⑤装岩机照明灯损坏、突然熄灭。⑥操作箱按钮失灵。

铲斗装岩机司机操作

（15）装岩结束后，应将装岩机退到安全距离外，同时将铲斗落地，切断电源加锁，悬挂好电缆。清扫装岩机上的石块、粉尘。

铲斗装岩机司机操作

（16）对本班装岩机运行情况以及出现的故障和处理情况，要向接班人员交待清楚，并填好运行记录。

6. 侧卸装岩机司机操作

（1）接班后，司机应对机器进行检查。

（2）经检查正常后，并在确认铲斗前方、两侧无人时，方可开机工作。

（3）装岩前应进行空机试运转。

（4）注意事项：

①操作时动作要平稳、准确，并应首先用铲斗清除前进道上的散落石渣。

②开始时，阀要开得大，中间阶段要把稳，当油缸或铲斗到位时，手要准确及时松开，使阀复到零位，油缸到头要及时松手，防止产生冲击。

③操作时要做到 “三准确”、“四注意”、“五严禁”、“五不装”。

“三准确”：铲斗落地要准确，退车装载要准确，铲斗翻转油缸的动作要准确。

“四注意”：注意周围人员，注意不碰撞支架，注意机器不得压电缆，注意未爆火药雷管。

侧卸装岩机司机操作“五严禁”、“五不装”：

严禁在不停电、不闭锁、不垫枕木的情况下在铲斗下面维修机器，严禁在无矿车时用机器频繁倒岩，严禁用铲斗挖水沟，严禁铲斗侧立时从事推铲作业，严禁用铲斗冲撞大块岩石。

大于40cm块石不装，机器带病不装，照明不好不装，无人监护电缆线不装，顶帮支护不安全不装。

侧卸装岩机司机操作

（5）机器停止工作后，应将电源切断，放下铲斗，并须停放在安全地点，掩护好铲斗及照明灯。

（6）将主令开关操纵杆打到停止位置，并用保险锁好。

（7）盘好电缆线，保护好下部的支承油缸。清除机器上的石渣、泥浆和杂物，加注润滑油。

（8）认真履行交接班制度，做好机器使用的原始记录和维修备案工作。

后 记

在铁路工程土石方施工作业中，时常发生挖掘机、装载机、铲运机、压路机等倾翻的事故，为使一线施工人员更好地掌握这些设备的安全基本常识、安全操作技能和安全注意事项，以最大程度地减少这类事故的发生，组织编写了本书。在撰写过程中注意把安全管理、安全技术及安全作业有机统一起来，以安全作业为重点图解内容，同时兼顾了安全管理与安全技术相关内容的分析和阐述。

要创造性地采用图画方式将安全问题展现在读者面前，看似简单，实则难度很大。难题之一是有些安全问题用图画难以表达或有很大的局限性，有时甚至无法实现。撰写过程中的另一难题是：绘图人员不懂专业，对工程相关情况缺乏基本的感性认识。这就需要将脚本写得相当详尽，或当面指导绘图工作。即使这样，一般情况下每一幅图也需要经过多次反复修改，方能达到要求。

此外，由于施工机械设备种类型号繁多，只能选取某一型号来表述问题，从而使得读者现场所见到的机械设备可能会与本书中展现的有所不同。加之铁路工程的复杂性，也可能会造成读者实际所处的施工场景与本书所描述的不太一致。对于以上客观原因造成的不足，敬请读者谅解。

本书由石家庄市市政建设总公司王芳编著。石家庄铁道大学四方学院程素丽、石家庄铁道大学黄守刚、张慧丽、吕希奎、吴景龙、温少芳、刘润芬等提供了部分资料。本书插图由石家庄神行动漫设计有限公司赵咏梅、田晓彤、赵静、双江雪、李云霄、袁婷婷完成。中国铁道出版社石家庄铁道大学发行分部赵春虎、于超、杨晓燕对本书撰写也提出了宝贵意见。在此一并表示感谢。

限于时间和水平，书中错误和不妥之处在所难免，敬请读者不吝赐教。

编著者

2012年7月

“图解铁路工程施工安全”系列丛书

1. 图解铁路桥梁基础施工安全
2. 图解铁路桥梁墩台与支座施工安全
3. 图解铁路简支梁制造运输架设安全
4. 图解铁路桥位制梁施工安全
5. 图解铁路钢桥与结合梁桥施工安全
6. 图解铁路拱桥斜拉桥及转体施工安全
7. 图解铁路桥涵综合施工作业安全
8. 图解铁路隧道洞身与洞口工程施工安全
9. 图解铁路不良地质与特殊岩土隧道施工安全及逃生
10. 图解铁路隧道辅助施工作业安全
11. 图解铁路路基本体施工安全
12. 图解铁路路基附属工程及特殊路基施工安全
13. 图解铁路轨道材料作业与运输安全
14. 图解铁路轨道道床施工安全
15. 图解铁路轨道铺设安全
16. 图解铁路通信与信号工程施工安全
17. 图解铁路电力与电力牵引供电工程施工安全
18. 图解邻近铁路营业线施工安全

“图解铁路工程施工安全”系列丛书

19 图解铁路营业线施工安全

20 图解铁路工程拆除作业安全

21 图解铁路工程装卸与搬运安全

22 图解地铁隧道工程施工安全

23 图解铁路工程施工用电安全

24 图解铁路工程施工防火与消防

25 图解铁路工程材料储存与运输安全

26 图解铁路工程起重及垂直运输安全

27 图解特殊天气条件下铁路工程施工安全

28 图解铁路工程特殊环境与场所作业安全

29 图解铁路临时工程施工作业安全

30 图解铁路工程土石方作业安全

31 图解铁路工程桩工与水工机械作业安全

32 图解铁路混凝土与砌体工程施工安全

33 图解铁路钢筋工程与预应力工程作业安全

34 图解铁路工程焊接与动力电气安全

35 图解铁路工程小型机具作业安全

36 图解铁路工程施工安全防护与安全心理